부엌에 맛있는 세균이 있어요

세상 모든 물건에 숨은 과학 2

부엌에 맛있는 세균이 있어요

이대형 글 강혜숙 그림

한울림어린이

 들어가는 말

호기심으로 똘똘 뭉친 어린이들을 위해

우리는 매일매일 잠을 자고, 옷을 입고, 음식을 먹고, 공부하고 노는 데에 수많은 물건을 사용합니다. 우리가 사는 집 역시 여러 가지 재료로 만들어진 물건입니다. 하지만 우리는 이 물건들이 어떻게 만들어지는지 잘 모릅니다. 이미 익숙해진 주변 모든 사물을 있는 그대로 받아들일 뿐이죠.

그런데 호기심 많은 어린이들은 묻습니다. 우리가 먹는 음식, 입는 옷, 매일 사용하는 학용품 들이 무엇으로 어떻게 만들어졌는지, 어디서부터 시작되어 우리에게 왔는지, 끝없이 질문하며 또 탐구합니다. 때로는 창의적인 공상에 빠지기도 하죠.

이 책은 호기심으로 똘똘 뭉친 어린이들을 위한 시리즈입니다. 어린이들에게 친숙하고 재미있는 그림과 명쾌한 글, 웃음과 정보를 함께 담아낸 말풍선은 우리가 사용하는 물건들이 무엇으로 어떻게 만들어졌는지, 어떤 사회문화

적 배경에서 탄생했는지를 보여 줍니다. 그리고 자연에서 얻은 재료로 전혀 다른 결과물이 만들어지는 과정을 통해 일상 속 과학의 원리를 알려 줍니다.

이 책이 세상 모든 것에 '왜?' '어떻게?'라고 묻는 우리 어린이들을 위한 재미있는 과학책이 되기를, 그래서 어린이들의 궁금증을 조금이나마 해결해 주는 도구가 되기를 바랍니다.

춘천에서 이대형

 **차례**

들어가는 말

밥	8
라면	12
우유	16
요구르트	20
치즈	24
두부	28
간장·된장·고추장	32
소금	38
설탕	42

토마토케첩	46
참기름	50
식초	54
녹차	58
커피	62
⁇ 드라이아이스 지식 더하기	66
사이다	68
초콜릿	72
아이스크림	76
엿	80
식혜·수정과	84

밥

우리는 벼에서 쌀을 얻고, 쌀을 익혀서 날마다 밥을 지어 먹어요. 벼농사는 4000년 전쯤에 동남아시아와 인도 등지에서 시작되어 다른 지역으로 퍼져 나갔다고 해요.

벼의 품종은 인도형과 일본형 두 가지로 나뉘어요. 인도형 벼는 쌀알이 가늘고 길며, 밥을 지으면 찰기가 없어요. 우리나라에서 많이 재배되는 일본형 벼는 쌀알이 둥글고 짧으며, 밥을 지으면 찰기가 있지요. 벼는 성질에 따라 메벼와 찰벼로 나뉘는데, 메벼의 쌀알인 멥쌀은 밥을 지을 때, 찰벼의 쌀알인 찹쌀은 떡을 만들 때 주로 쓰인답니다.

5 벼의 껍질을 벗겨 내요. 이 과정을 '탈곡'이라고 해요. 탈곡을 거치면 우리가 먹는 쌀이 완성됩니다.

4 가을이 되어 누렇게 익은 벼가 고개를 숙이면 베어서 낟알만 따로 모아요.

멥쌀과 찹쌀은 어떻게 다를까?

멥쌀과 찹쌀은 같은 쌀이지만 밥을 짓고 나면 차진 정도가 달라요. 찹쌀이 멥쌀보다 훨씬 차지죠. 이런 차이는 쌀을 구성하는 녹말이 다르기 때문이에요. 멥쌀에 많이 들어 있는 녹말은 '아밀로오스'예요. 포도당이 한 줄로 이어진 구조지요. 반면에 찹쌀에 많이 들어 있는 녹말은 '아밀로펙틴'이에요. 긴 사슬 모양에 옆으로 가지가 나 있는 구조지요. 아밀로오스와 아밀로펙틴의 비율에 따라 밥이 차진 정도가 달라지는 거예요.

라면

우리나라 사람들이 밥 대신 가장 많이 먹는 음식은 라면이랍니다. 라면은 일본, 중국을 비롯해 필리핀, 미국, 브라질 등 전 세계 사람들이 즐겨 먹는 음식이에요. 세계라면협회는 한 사람이 1년 동안 몇 개의 라면을 먹는지 통계를 냈어요. 그리고 대한민국 사람들이 가장 라면을 많이 먹는다고 발표했답니다. 우리나라 국민 한 사람은 1년에 80개의 라면을 먹는다고 해요. 5일에 한 번은 라면을 먹는 거죠. 두 번째로 라면을 많이 먹는 나라는 인도네시아랍니다. 인도네시아에서는 한 사람이 1년 동안 56개의 라면을 먹는대요.

1 커다란 기계에 밀가루와 물을 넣고 반죽해요.

2 두 개의 롤러 사이를 통과시켜 반죽을 얇게 만들어요.

3 얇은 반죽을 가느다란 칼날 틈새로 통과시켜 면발을 만들어요. 반죽이 들어가는 속도보다 나오는 속도가 느리면 면발이 꼬불꼬불해집니다.

4 면발을 알맞은 길이로 자른 다음 100도 이상의 증기로 익힙니다.

5 150도의 기름에 튀겨요. 라면을 튀길 때는 식물성 기름인 팜유를 써요.

6 쇠고기를 삶아 낸 물을 말려서 가루로 만듭니다. 여기에 고춧가루, 후춧가루, 채소 등을 잘게 부순 가루를 섞어서 라면 수프를 만들어요.

7 파, 고추, 버섯 등을 작게 자르고 말려서 건더기 수프를 만들어요.

8 면과 수프를 함께 포장해요.

호기심 톡톡!

라면의 면발은 왜 꼬불꼬불하게 만들까?

꼬불꼬불한 면발은 라면의 맛을 완성하는 비결이랍니다. 라면의 면발을 꼬불꼬불하게 만드는 데는 네 가지 이유가 있어요.

첫째, 작은 봉지 안에 많은 양을 담을 수 있어요.
둘째, 기름이 면발 사이사이에 스며들어 잘 튀겨져요.
셋째, 튀긴 후에 기름이 잘 빠져나가요.
넷째, 면발 사이사이에 뜨거운 물이 잘 들어가 짧은 시간 안에 골고루 익어요.

우유

우리 조상들도 우유를 먹었을까요? 옛날 조선 시대에는 임금과 왕족들만 우유를 먹을 수 있었어요. 하지만 아무 때나 마음껏 먹을 수는 없었답니다. 우유에 찹쌀을 넣고 끓인 타락죽은 임금도 몸이 아프거나 특별한 날에만 먹을 수 있었어요. 조선 시대 사람들은 어린 송아지의 몫을 빼앗아 먹는 건 도리에 어긋난다고 생각했대요. 이런 생각은 유교 사상의 영향을 받은 것이랍니다.

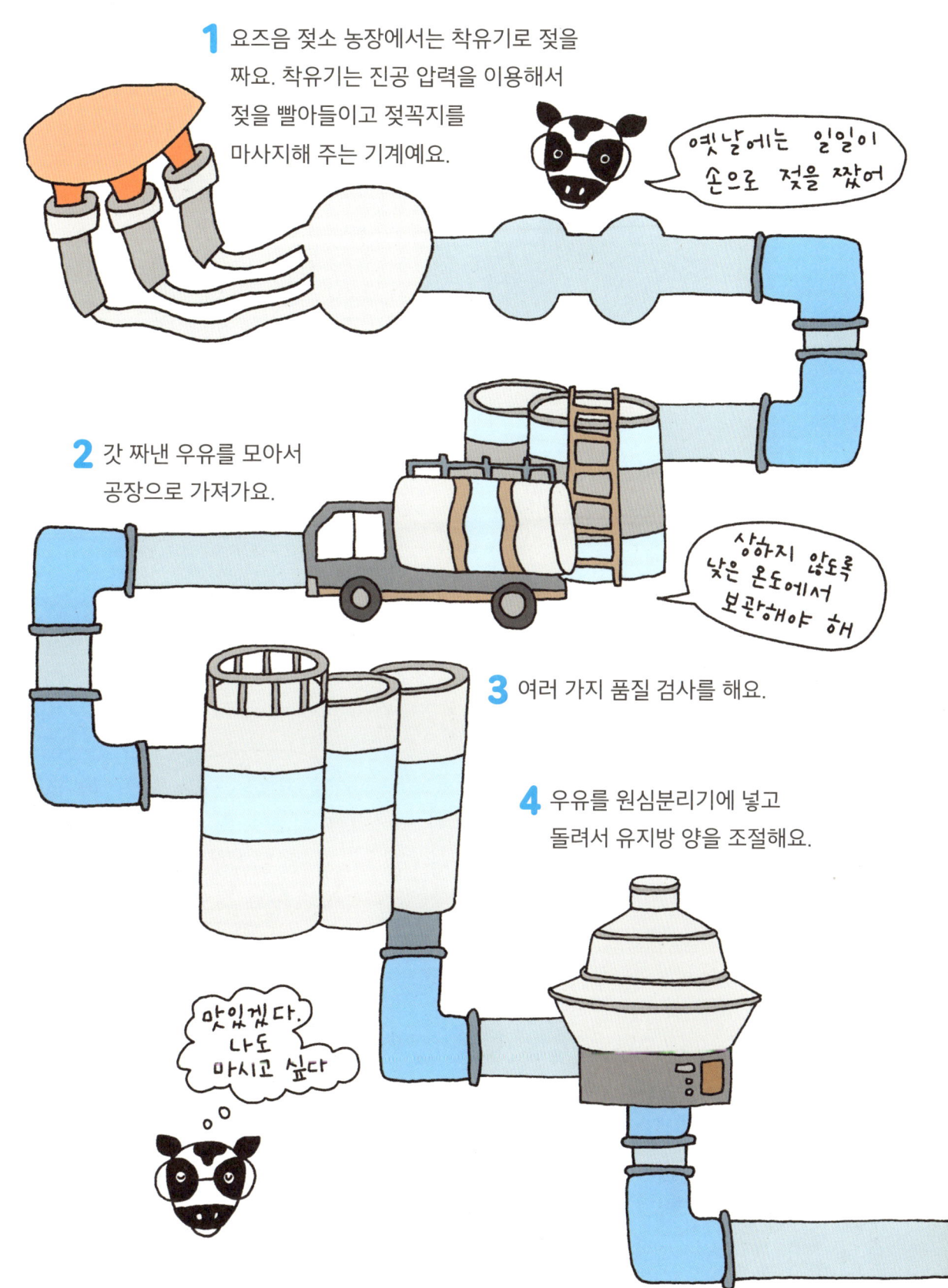

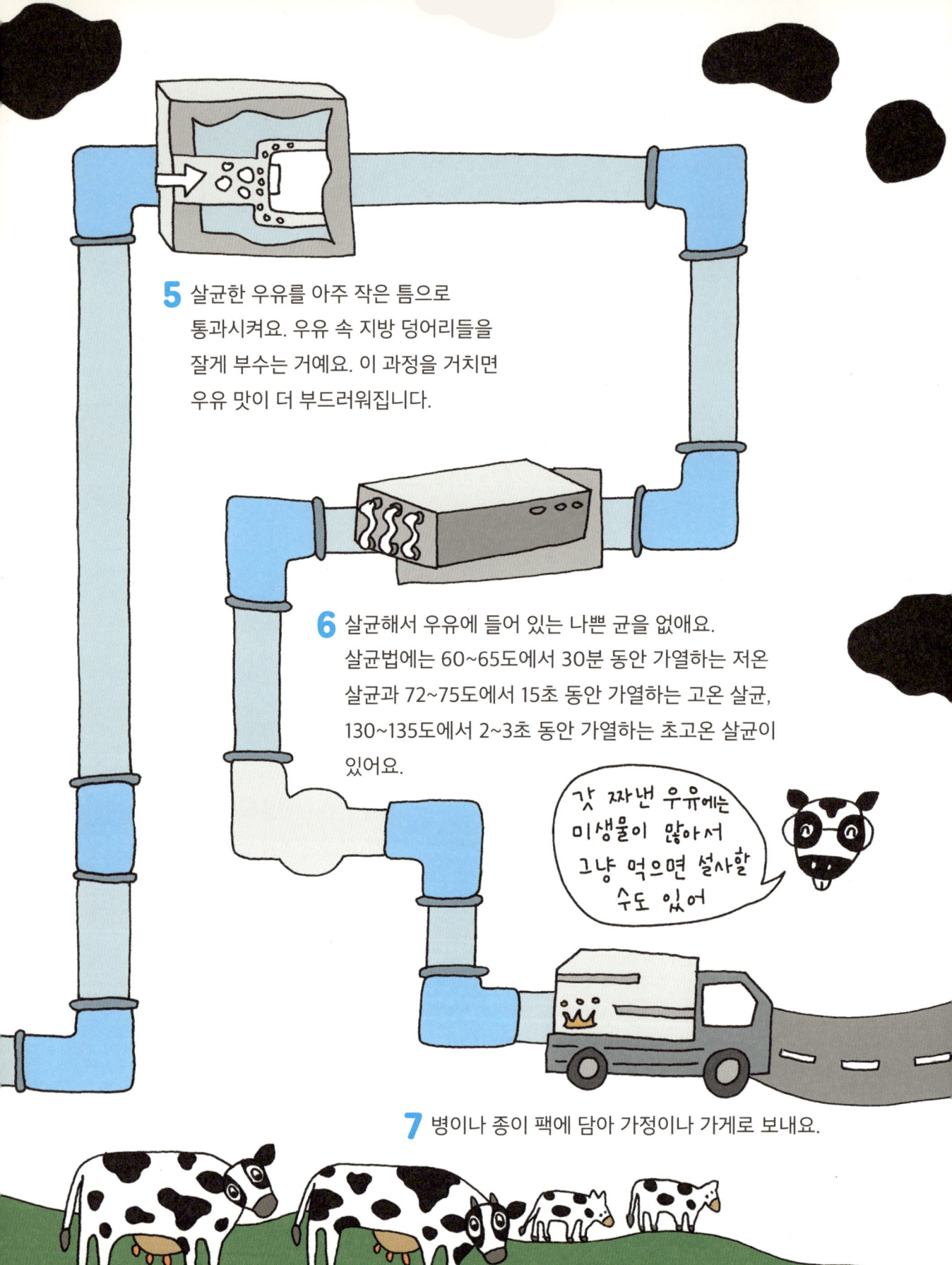

5 살균한 우유를 아주 작은 틈으로 통과시켜요. 우유 속 지방 덩어리들을 잘게 부수는 거예요. 이 과정을 거치면 우유 맛이 더 부드러워집니다.

6 살균해서 우유에 들어 있는 나쁜 균을 없애요. 살균법에는 60~65도에서 30분 동안 가열하는 저온 살균과 72~75도에서 15초 동안 가열하는 고온 살균, 130~135도에서 2~3초 동안 가열하는 초고온 살균이 있어요.

갓 짜낸 우유에는 미생물이 많아서 그냥 먹으면 설사할 수도 있어

7 병이나 종이 팩에 담아 가정이나 가게로 보내요.

호기심 톡톡!

우유를 매일 마시면 좋을까?

우유에는 성장에 필요한 탄수화물, 지방, 단백질, 칼슘, 무기질, 비타민 등이 골고루 들어 있어요. 그래서 어린 송아지는 어미 소의 젖만 먹고도 무럭무럭 자랄 수 있답니다. 우유는 성장기 어린이들이 균형 있게 자라도록 돕는 완전 영양 식품이에요.

다른 동물의 젖도 우유처럼 마실 수 있을까?

우유는 '牛(소 우)'와 '乳(젖 유)' 두 글자를 합친 말이에요. '소의 젖'이라는 뜻이죠. 양의 젖은 '양유', 순록의 젖은 '순록유'라고 한답니다. 세계 각 지역에서는 젖소를 비롯해 여러 동물의 젖을 이용하고 있어요. 노르웨이와 스웨덴과 같은 북부 유럽에서는 순록, 그리스에서는 염소와 양, 북아프리카 사막 지역에서는 낙타, 몽골에서는 말, 페루에서는 낙타과의 동물인 야마, 티베트에서는 소와 비슷한 동물인 야크를 길러서 젖을 얻는다고 해요.

요구르트

동물의 젖에는 단백질, 지방, 탄수화물을 비롯한 여러 가지 영양분이 들어 있어요. 예부터 사람들은 동물 젖 속 단백질을 이용해 치즈를, 지방을 이용해 버터를 만들어 먹었어요. 우리가 즐겨 먹는 요구르트도 동물 젖으로 만든 것이랍니다. 몽골에서는 말, 인도와 이집트에서는 물소, 터키와 유럽 남동부에서는 양과 염소의 젖으로 요구르트를 만든다고 해요. 요구르트는 유산균이 많이 들어 있는 건강 식품이지요.

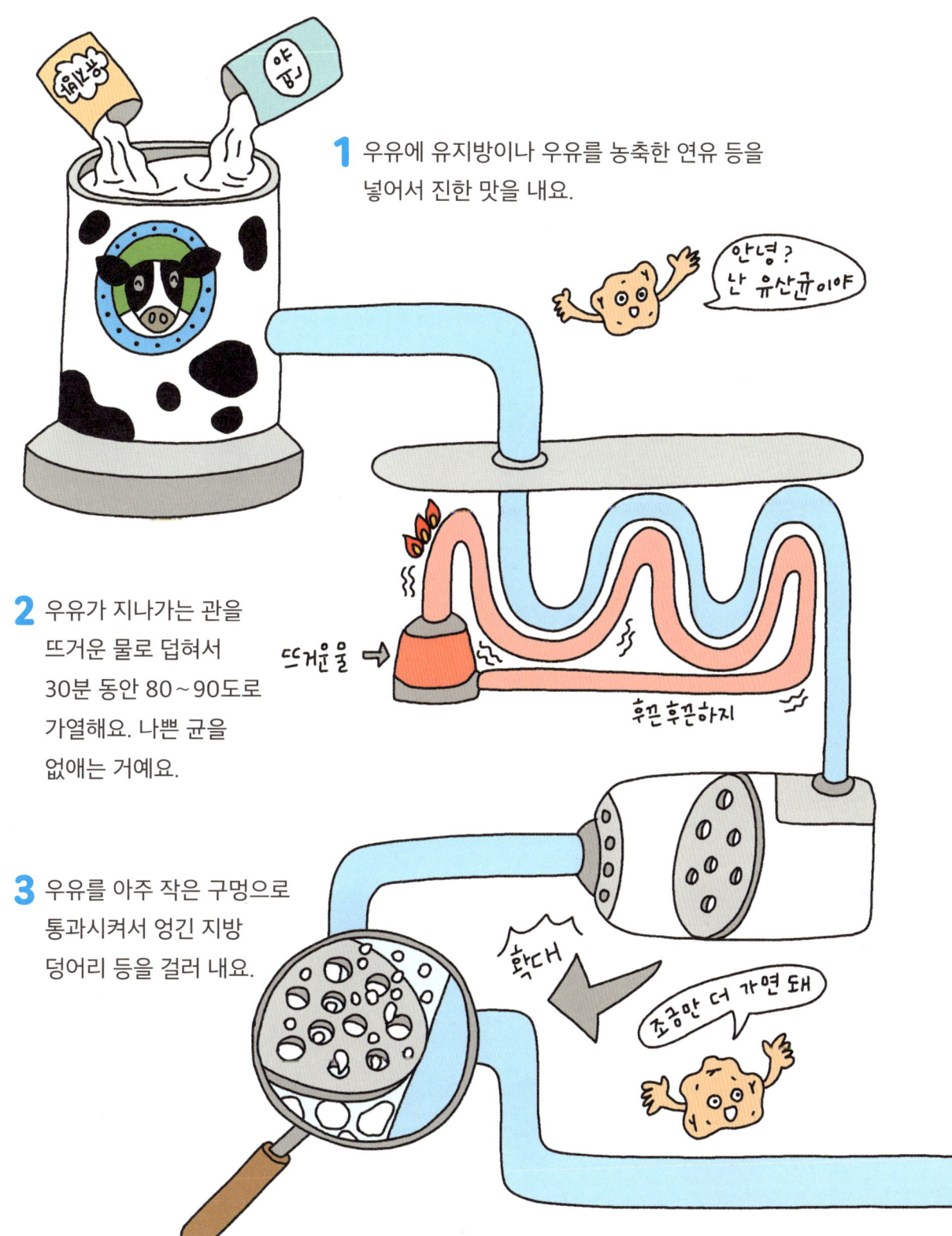

1 우유에 유지방이나 우유를 농축한 연유 등을 넣어서 진한 맛을 내요.

2 우유가 지나가는 관을 뜨거운 물로 덥혀서 30분 동안 80~90도로 가열해요. 나쁜 균을 없애는 거예요.

3 우유를 아주 작은 구멍으로 통과시켜서 엉긴 지방 덩어리 등을 걸러 내요.

호기심 톡톡!

유산균이 왜 좋아?

유산균은 음식에 들어 있는 여러 종류의 탄수화물을 젖산이라는 물질로 분해하는 세균이에요. 젖산균이라고도 하지요. 유산균은 우리 몸속 창자에 머무르면서 소화를 도울 뿐 아니라 몸에 나쁜 세균들을 물리쳐요. 유산균은 우리 몸을 건강하게 지켜 주는 좋은 세균이랍니다.

요구르트와 유산균 음료는 달라요!

요구르트는 동물 젖에 유산균을 넣어서 만든 음식으로 숟가락으로 떠먹어야 할 만큼 걸쭉하며 시큼한 맛이 나요. 액체 형태의 유산균 음료는 설탕물과 유산균 농축액을 섞은 것으로 요구르트보다 유산균이 훨씬 적게 들어 있어요.

치즈

치즈는 동물 젖에 들어 있는 단백질을 이용해서 만들어요. 대부분의 치즈는 우유로 만들지만 염소, 양, 물소의 젖을 이용하기도 한답니다.
치즈를 만들어 먹은 건 선사 시대부터예요. 긴 역사만큼 종류가 다양해서 전 세계적으로 수천 종의 치즈가 있답니다. 빵에 발라질 정도로 부드러운 치즈, 칼로 잘라야 할 만큼 단단한 치즈, 만들자마자 바로 먹는 생 치즈, 오랫동안 숙성시켜서 맛과 질감을 다양하게 만든 치즈도 있어요. 색깔도 다양해서 흰색, 노란색 심지어 붉은색을 내는 치즈도 있지요.

호기심 톡톡!

냄새가 가장 고약한 치즈는 무엇일까?

프랑스의 '불레트 다벤느'는 냄새가 심한 치즈로 유명해요. 냄새가 얼마나 고약한지 쥐들도 이 치즈는 먹지 않는답니다. 그런데 이런 불레트 다벤느를 즐겨 먹는 사람도 있어요!

우유는 어떻게 단백질 덩어리로 변할까?

치즈를 만들 때는 우유에 유산균을 넣어요. 유산균은 우유 속의 당분인 유당을 분해해서 신맛이 나는 젖산을 만들어요. 젖산은 우유의 단백질 구조를 변화시켜서 서로 엉기도록 하죠. 상한 우유에 몽글몽글 덩어리가 생기는 것도 같은 이유예요. 우유가 오래되면 우유 속의 세균이 젖산을 만들고, 바로 이 젖산이 단백질을 엉기도록 해요. 하지만 오래된 우유에 생긴 단백질 덩어리는 먹을 수 없어요. 상한 우유 속에는 몸에 나쁜 세균들이 함께 들어 있기 때문이에요.

두부

두부는 한국, 중국, 일본 및 동남아시아에서 즐겨 먹는 단백질 음식이에요. 두부가 처음 만들어진 건 중국 한나라 때였어요. 우리나라에 들어온 시기는 분명하지 않지만, 고려 말기의 문헌에 두부에 관한 기록이 처음 나온다고 해요.

우리나라의 두부 만드는 기술은 매우 뛰어나요. 종류도 다양하지요. 누르지 않은 순두부, 살짝만 눌러 부드럽게 만든 연두부, 단단하게 만든 일반 두부 외에도 얼린 다음에 바싹 말려 먹는 언두부, 콩물을 끓일 때 적당히 태워 탄내가 나는 탄두부, 삭혀 먹는 곤두부 등이 있답니다.

1 콩을 물에 불린 다음, 맷돌로 갈아요.

2 갈아 놓은 콩물을 솥에 넣고 끓여요. 그러면 콩 속에 들어 있던 단백질이 물에 녹아 나와요.

3 끓인 콩물을 삼베 보자기에 넣고 짜요. 보자기에 남은 찌꺼기를 '비지'라고 해요. 비지는 대부분 섬유질이에요.

4 짜낸 콩물에 간수*를 넣어 단백질을 엉기게 합니다.

*간수는 천일염에서 나오는 액체야. 쓴맛이 나. 단백질을 엉기게 하는 성질이 있어서 옛날부터 두부 응고제로 쓰였어.

5 두부 틀에 천을 깔고 콩물을 부은 다음, 잘 눌러 두면 맛있는 두부가 만들어져요.

호기심 톡톡!

두부가 고기라고?

우리 몸의 근육과 장기는 단백질로 이루어져 있어요. 단백질은 우리가 살아가는 데 꼭 필요한 영양소 중 하나랍니다. 자라나는 어린이들에게는 특히 더 중요하죠.

사람은 날마다 자신의 몸무게 1킬로그램당 0.8~1그램의 단백질을 먹어야 해요. 고기, 생선, 달걀, 우유와 같은 동물성 식품에는 단백질이 많이 들어 있어요. 식물성 식품 중에서는 콩에서 단백질을 얻을 수 있지요. 그래서 콩을 '밭에서 나는 고기'라고 한답니다.

콩 단백질은 익혀 먹지 않으면 소화가 잘 안 돼요. 하지만 두부로 만들어 먹으면 대부분의 단백질이 소화되어 몸에 흡수됩니다.

간장·된장·고추장

우리나라 전통 음식은 간장, 된장, 고추장을 양념으로 써요. 간장은 감칠맛, 된장은 구수한 맛, 고추장은 매운맛을 내지요. 장은 우리나라 전통 음식 맛의 비결이랍니다. 맛도 생김새도 다른 간장, 된장, 고추장은 모두 메주로 담가요. 메주는 알이 굵은 노란 콩으로 만드는데, 콩에는 단백질이 많이 들어 있어서 몸에도 좋답니다.

메주가 될 거야!

1 콩을 푹 삶아요.

2 삶은 콩을 찧어서 부드럽게 으깨요.

3 으깬 콩을 뭉쳐서 사각기둥 모양으로 만들어요.

4 적당히 말린 다음, 볏짚으로 묶어서 바람이 잘 통하는 곳에 걸어 둡니다. 온도는 25~30도를 유지합니다. 시간이 지나면 메주 겉면에 곰팡이가 피기 시작해요.

간장이 될 거야!

1 메주 겉면에 생긴 곰팡이를 잘 씻은 다음 말려요.

2 소금물을 준비해요. 소금은 달걀을 넣었을 때 약간 떠오르는 정도로 넣습니다.

3 장독에 메주를 넣고 준비한 소금물을 부어요.

4 40~60일 정도 지나면 메주는 가라앉고 소금물은 갈색* 액체가 됩니다.

5 윗부분의 갈색 액체만 따라 내어 약한 불로 끓여요. 이 과정을 '장을 다린다'라고 해요.

6 끓인 갈색 액체를 다시 장독에 넣고 한 달 넘게 놔두면 숙성되어 먹을 수 있는 간장이 됩니다.

된장이 될 거야!

메주

1 간장을 만들고 남은 메주를 부드럽게 으깨요.

된장

2 소금으로 간을 맞추면서 골고루 섞어 줍니다.

3 골고루 섞은 메주를 장독에 담아요. 공기가 들어가지 않도록 꾹꾹 눌러서 담아야 해요.

4 메주 위에 굵은 소금을 두껍게 덮어요. 소금은 나쁜 세균이 번식하지 않도록 돕는답니다.

5 시간을 두고 숙성시키면 맛있는 된장이 됩니다.

고추장이 될 거야!

1 잘 빻은 메줏가루와 고춧가루, 찹쌀가루, 엿기름, 소금을 준비합니다.

2 엿기름*을 한 시간쯤 물에 불려 잘 주무른 다음, 체로 걸러 엿기름 물을 만들어요.

*엿기름은 찹쌀가루의 녹말을 포도당으로 분해해

3 엿기름 물에 찹쌀가루를 넣고 약한 불로 끓여 조청을 만듭니다.

4 조청을 식힌 다음 메줏가루, 고춧가루를 넣고 잘 섞어 줍니다.

5 장독에 넣습니다. 굵은 소금을 한 줌 뿌려서 나쁜 세균이 번식하지 않도록 합니다.

6 60~90일 동안 숙성시키면 맛있는 고추장이 됩니다.

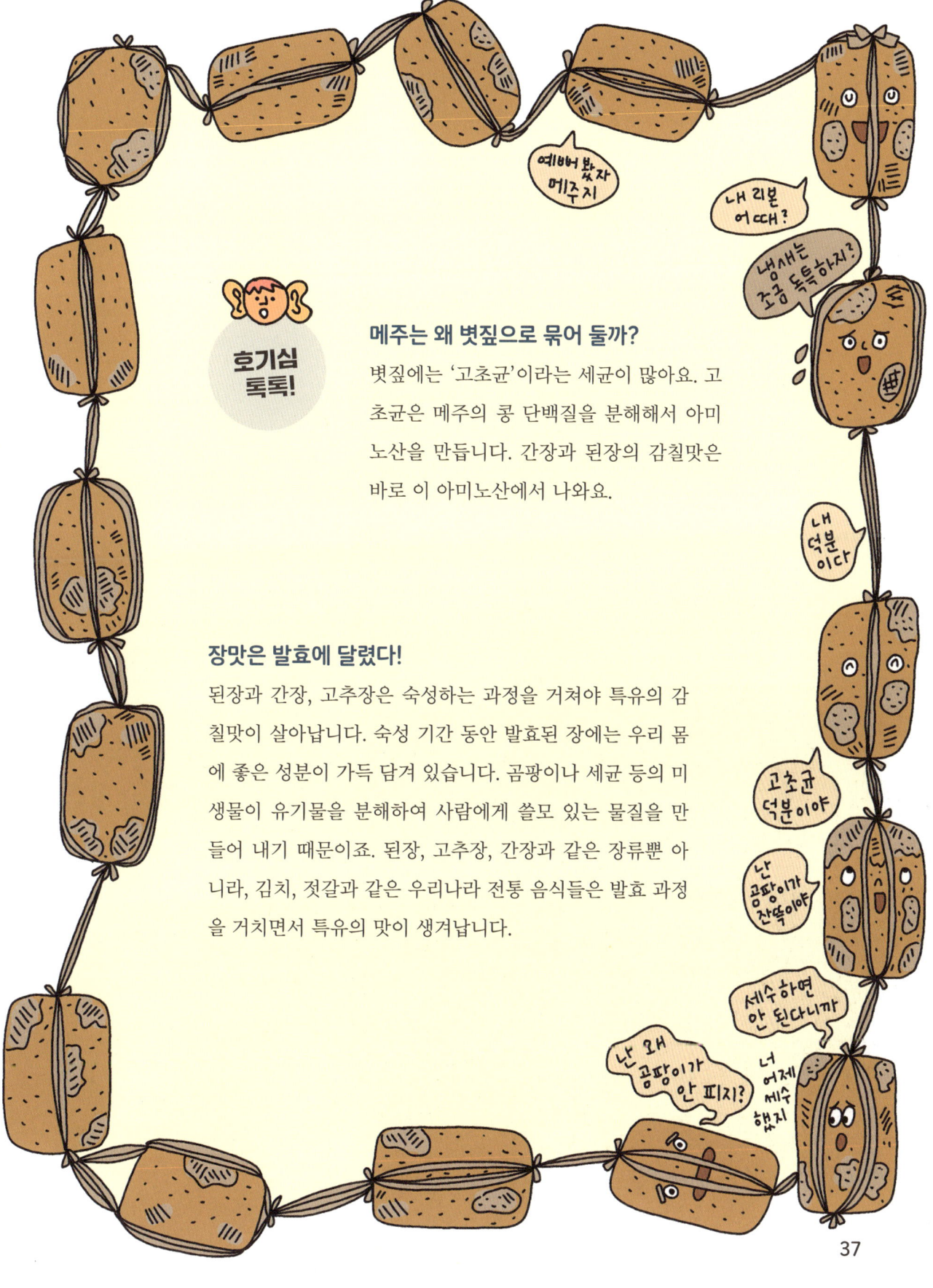

메주는 왜 볏짚으로 묶어 둘까?

볏짚에는 '고초균'이라는 세균이 많아요. 고초균은 메주의 콩 단백질을 분해해서 아미노산을 만듭니다. 간장과 된장의 감칠맛은 바로 이 아미노산에서 나와요.

장맛은 발효에 달렸다!

된장과 간장, 고추장은 숙성하는 과정을 거쳐야 특유의 감칠맛이 살아납니다. 숙성 기간 동안 발효된 장에는 우리 몸에 좋은 성분이 가득 담겨 있습니다. 곰팡이나 세균 등의 미생물이 유기물을 분해하여 사람에게 쓸모 있는 물질을 만들어 내기 때문이죠. 된장, 고추장, 간장과 같은 장류뿐 아니라, 김치, 젓갈과 같은 우리나라 전통 음식들은 발효 과정을 거치면서 특유의 맛이 생겨납니다.

소금

소금은 동물의 몸 안에 수분을 잡아 두거나 내보내는 일에 영향을 미쳐요. 소금은 근육 활동이나 소화액을 만드는 일에 관계되어 있고, 세포 안팎의 균형을 유지하는 데도 아주 중요한 역할을 한답니다. 인간을 비롯한 모든 동물은 소금 없이 살 수 없어요.

우리나라에서는 염전에 바닷물을 가둔 다음, 물을 증발시켜 소금을 얻어요. 바닷물 1리터에는 35그램 정도의 소금이 들어 있어요. 염전은 밀물 때 바닷물이 가장 많이 들어오는 곳 가까이에 만들지요.

2 바닷물에서 수분이 증발하면 소금 결정이 생겨요. 이것을 '소금꽃'이라고 합니다.

3 무거워진 소금 결정이 바닥으로 가라앉으면, 한곳으로 모아 창고로 운반해요.

4 창고에서 간수를 빼고 포장하면 가게에서 만나는 '천일염'이 됩니다.

호기심 톡톡!

소금 맛이 나는 바위가 있다고?

아프리카 초원에 사는 코끼리들은 일정한 간격을 두고 바위산을 찾아가요. 그러고는 짠맛이 나는 바위를 핥고 돌아온답니다. 본능적으로 소금을 찾아 먹는 거예요. 소금을 머금고 있어서 짠맛이 나는 돌소금(암염)은 육지 곳곳에 있어요. 옛날에는 바다였던 곳인데 수분이 증발하고 소금만 남아 돌소금이 만들어진 거예요. 그래서 세계 곳곳에는 땅속에 묻힌 돌소금을 캐내는 소금 광산이 있답니다. 페루에는 돌소금이 녹아 흘러나온 지하수에서 소금을 얻는 염전이 있어요.

소금을 많이 먹으면 어떻게 될까?

'짜게 먹으면 몸에 안 좋다'고 하죠? 소금을 많이 먹으면 고혈압, 위암, 골다공증, 신장병 등에 걸리기 쉬워요. 그렇다고 소금을 너무 적게 먹으면 소화액이 잘 나오지 않아요. 음식을 먹고 싶은 마음도 없어지고, 아무것도 하기 싫어지거나 피곤하고, 불안을 느끼게 되죠.

그래서 식습관이 중요해요. 바른 식습관을 가지면 우리 몸에 꼭 필요한 소금을 적당한 양만 건강하게 먹을 수 있답니다.

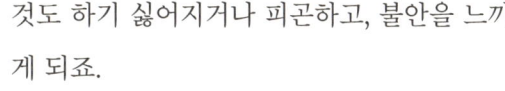

설탕

사탕수수로 처음 설탕을 만든 나라는 인도예요. 설탕이 전해지기 전까지 유럽 사람들은 요리할 때 벌꿀을 썼답니다.

설탕을 찾는 사람이 많아지면서 브라질과 카리브해 섬 곳곳에는 커다란 사탕수수 농장이 만들어졌어요. 농장에서 일할 사람이 부족하자, 사람들은 아프리카에서 강제로 흑인들을 잡아 와 일을 시켰답니다. 이것이 노예 무역의 시작이었죠. 달콤한 설탕에 노예 무역이라는 무시무시한 역사가 숨어 있다니, 참 아이러니하지요?

호기심 톡톡!

원당? 당밀? 흑설탕?

사탕수수 즙의 불순물을 걸러 내고 졸이면, 즙이 가루로 바뀌면서 가라앉습니다. 이 가루를 '원당'이라고 해요. 원당은 갈색을 띠지만, 흑설탕과는 달라요. 원당에는 순수한 설탕뿐 아니라 여러 가지 성분이 섞여 있어요. 원당을 빼고 남은 액체는 '당밀'이라고 하는데 단맛이 날 뿐 아니라, 여러 가지 영양 성분이 들어 있어서 과자를 만들 때 쓰거나 핫케이크에 발라 먹기도 해요.

우리가 흔히 보는 흑설탕은 백설탕에 당밀을 넣어서 만들거나 캐러멜이나 갈색 색소를 넣어서 만들어요.

토마토케첩

토마토케첩은 감자튀김이나 햄버거, 피자, 스파게티 등을 만들 때 꼭 필요한 소스예요. 놀랍게도 토마토케첩의 시작은 중국 남동쪽과 타이완에서 즐겨 먹던 생선 소스랍니다. 지금도 타이완에서는 생선 소스를 케첩이라고 불러요. 중국의 생선 소스를 맛본 유럽 사람들은 생선 대신 버섯을 넣어서 소스를 만들었어요. 이 버섯 소스를 맛본 미국 사람들은 버섯 대신 토마토를 넣어서 소스를 만들었지요. 토마토 소스의 새콤한 맛이 많은 사람들에게 사랑 받으면서 토마토케첩은 전 세계 사람들이 사랑하는 음식이 되었답니다.

1 깨끗한 토마토만 골라서 적당한 크기로 잘라요.

2 토마토의 꼭지를 따고 물에 살짝 데친 다음, 으깨요.

3 으깬 토마토를 체로 걸러 껍질이나 이물질 등을 건져 내요.

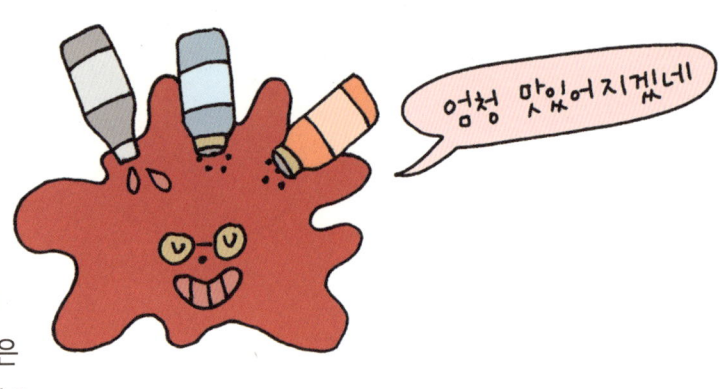

4 토마토의 열매살과 즙에 감미료, 소금, 식초와 같은 재료들을 섞은 다음 끓여요.

5 다시 한 번 고운 체로 걸러요. 작은 입자들만 남겨서 맛을 부드럽게 하는 과정이에요.

6 용기에 담아서 포장해요.

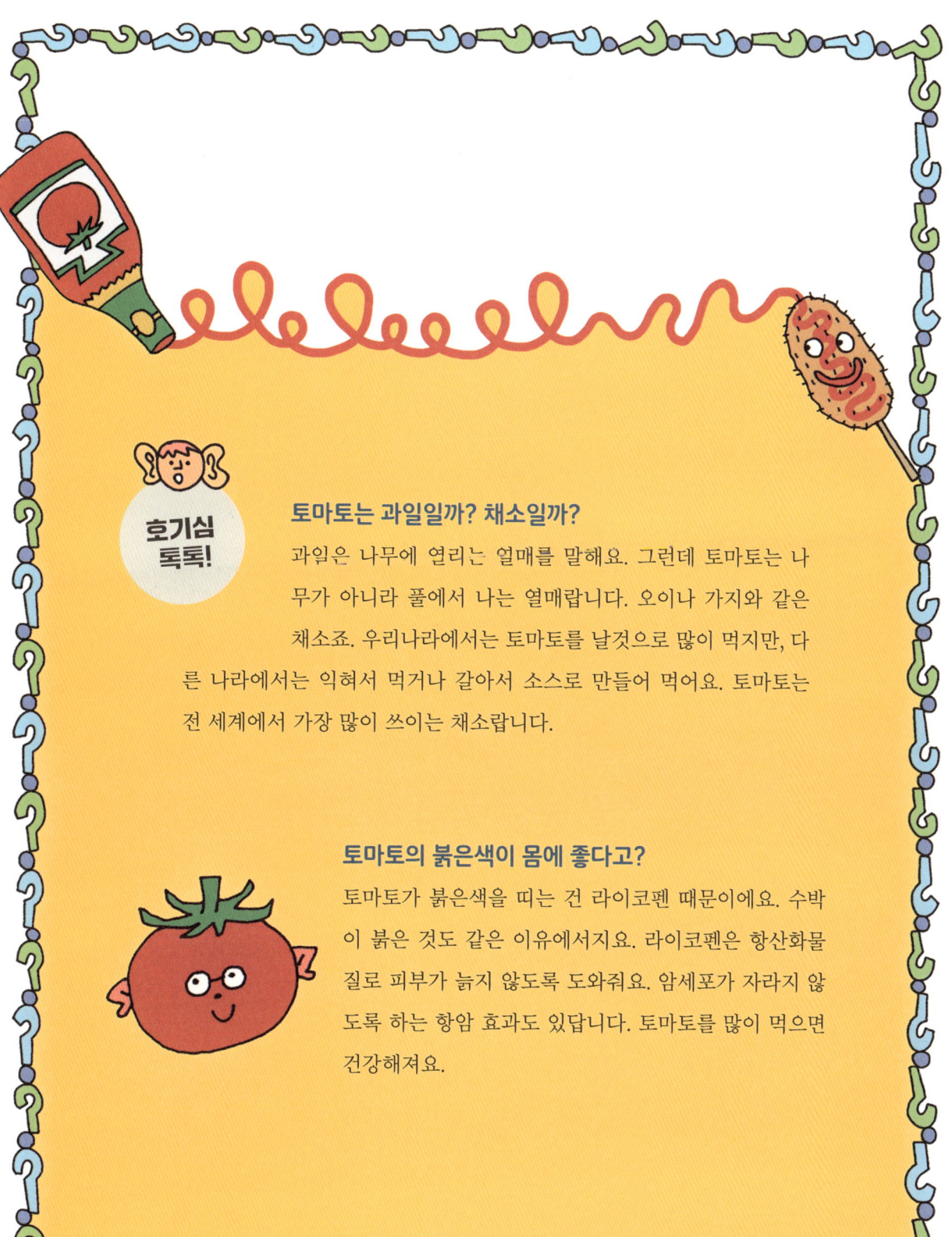

호기심 톡톡!

토마토는 과일일까? 채소일까?

과일은 나무에 열리는 얼매를 말해요. 그런데 토마토는 나무가 아니라 풀에서 나는 열매랍니다. 오이나 가지와 같은 채소죠. 우리나라에서는 토마토를 날것으로 많이 먹지만, 다른 나라에서는 익혀서 먹거나 갈아서 소스로 만들어 먹어요. 토마토는 전 세계에서 가장 많이 쓰이는 채소랍니다.

토마토의 붉은색이 몸에 좋다고?

토마토가 붉은색을 띠는 건 라이코펜 때문이에요. 수박이 붉은 것도 같은 이유에서지요. 라이코펜은 항산화물질로 피부가 늙지 않도록 도와줘요. 암세포가 자라지 않도록 하는 항암 효과도 있답니다. 토마토를 많이 먹으면 건강해져요.

참기름

고소한 맛을 내는 참기름에는 우리 몸에 좋은 불포화 지방산이 많이 들어 있어요. 참기름은 성인병에 걸리지 않도록 도와주는 일도 한답니다.

호기심 톡톡!

튀김은 몸에 해로울까?

참기름, 들기름, 콩기름, 옥수수기름 등 음식을 만들 때 쓰는 식물성 기름은 불포화 지방산이에요. 불포화 지방산은 세포를 구성하는 데 꼭 필요하답니다. 하지만 많이 먹으면 피 속의 지방 성분을 늘려서 비만해질 수 있어요. 그러니까 튀김처럼 기름기가 많은 음식은 적당히 먹어야겠죠?

왜 튀김을 만들 때는 참기름이나 들기름을 쓰지 않을까?

바삭한 튀김을 만들 때는 콩기름, 옥수수기름 등의 식물성 기름을 써요. 하지만 같은 식물성 기름이라도 참기름이나 들기름은 쓰지 않는답니다. 튀김을 만들 때는 기름 온도를 200도에 맞춰야 해요. 200도보다 낮으면 음식 안으로 기름이 스며들어 튀김이 눅눅해지고, 200도보다 높으면 음식이 겉만 타고 속까지 고루 익지 않기 때문이죠. 그런데 참기름이나 들기름은 170도가 넘으면 연기가 나면서 타 버린답니다. 그래서 튀김용으로는 쓸 수 없어요.

식초

식초는 새콤한 신맛을 내는 양념이에요. 기원전 3000년 때부터 요리에 쓰였지요. 포도와 같은 과일즙을 그대로 두면 술로 변했다가 얼마 후 신맛을 내는 물질로 바뀌어요. 알코올이 발효되어 신맛이 나는 '산'으로 변하기 때문이에요. 식초는 바로 이 현상을 이용하여 만들어졌답니다. 우리나라에서는 예로부터 쌀이나 현미로 식초를 만들어서 썼어요. 자연적으로 발효시킨 식초는 우리 몸에 좋은 유기산과 아미노산을 많이 가지고 있답니다.

현미 식초 만들기

집에서도 만들 수 있어

1 현미를 물에 불려 밥을 지은 다음, 으깨서 누룩*을 잘 섞어요.

현미밥

*누룩은 곡물의 녹말을 당분으로 바꾸지

나 누룩이야

2 물을 부어 걸쭉하게 만든 다음, 이스트*를 넣어 줍니다.

*이스트는 당분을 알코올로 바꿔

나 이스트야

4~6개월 후
식초 완성

3 병에 담은 다음, 한지나 거즈로 병 입구를 덮고 묶어서 공기가 통할 수 있도록 합니다.

4 서늘한 곳에 보관하면 신맛이 나는 식초가 됩니다.

곡물의 녹말
+
누룩
↓
당분
+
이스트
→ 알코올
초산균 +

55

과일 식초 만들기

너희도 식초가 될 수 있어

1 사과나 감 등의 과일을 깨끗이 씻어서 잘게 부순 다음, 이스트(효모)를 넣고 물을 부어요.

과일에는 당분이 있기 때문에 누룩이 필요 없어

2 입구를 한지나 거즈로 덮어서 묶어요. 서늘한 곳에서 4~6개월 동안 보관하면 맛있는 식초가 완성됩니다!

공장에서 만드는 양조 식초

양조 식초는 알코올(에탄올)에 초산균을 넣은 다음, 짧은 시간 안에 발효시켜서 만들어요. 새콤한 맛은 있지만 몸에 좋은 영양분은 거의 없다고 해요.

왜 신 것을 먹으면 얼굴이 찡그려질까?

레몬처럼 신 과일이나 쓴맛이 나는 약을 먹으면 나도 모르게 얼굴을 찡그리게 되지요? 우리 몸이 신맛과 쓴맛을 해로운 맛으로 받아들이기 때문이에요. 이런 반응은 우리 몸을 지키기 위해 인류가 진화해 온 결과랍니다.

맛은 어떻게 느낄까?

혀에는 단맛, 짠맛, 신맛, 쓴맛, 감칠맛을 느끼는 세포인 '미뢰'가 있어요. 설탕이나 포도당처럼 에너지를 만들어 내는 물질은 단맛, 우리 몸에 꼭 필요한 소금은 짠맛, 상한 음식물은 신맛, 독이 있는 풀은 쓴맛으로 구분하지요. 세포들이 우리 몸에 좋은 음식인지, 해로운 음식인지를 구별하는 거예요. 오랫동안 사람이 느낄 수 있는 맛은 단맛, 짠맛, 신맛, 쓴맛의 네 가지로 알려져 있었어요. 하지만 1908년 일본의 이케다 박사는 단맛, 짠맛, 신맛, 쓴맛의 네 가지 맛과 결합해 입맛을 돋우는 '감칠맛'을 발견했답니다.

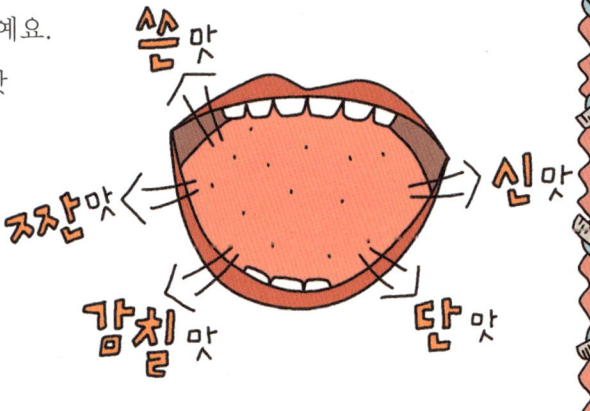

녹차

녹차는 몸과 마음을 편안하게 만드는 녹색 음식 중 하나예요. 녹차는 중국과 인도에서 시작되어 전 세계로 퍼져 나갔어요.

18~19세기에 영국에서 차 마시는 문화가 유행하자, 중국은 많은 양의 찻잎을 영국에 수출했어요. 녹차는 많이 수입되는데 수출할 물건이 없자, 영국은 중국으로 아편을 수출하기 시작했어요. 아편은 양귀비 열매에서 나온 즙으로 만든 마약이랍니다. 중국이 아편의 수입을 막으려고 하자, 영국은 전쟁을 일으켰어요. 이것을 '아편 전쟁'이라고 해요. 전쟁에서 진 중국은 100년 동안이나 홍콩을 영국에 빼앗겼대요.

1 차나무에서 어린잎만 땁니다.
묵은 잎으로는 차를 만들 수 없어요.

2 250~350도로 달군 무쇠 솥에서 어린잎을 익힙니다. 이 과정을 '덖음'이라고 해요.

3 찻잎을 손으로 비빕니다. 부드러운 잎은 약하게, 조금 단단한 잎은 강하게 비벼요. 비비는 정도에 따라 찻물이 우러나는 정도가 달라집니다.

4 찻잎끼리 뭉쳐 있지 않도록 잘 털어 줍니다.

5 온도와 습도를 맞추어 잘 말립니다. 차의 익힘 정도를 고정하고 맛을 좋게 만드는 과정이에요.

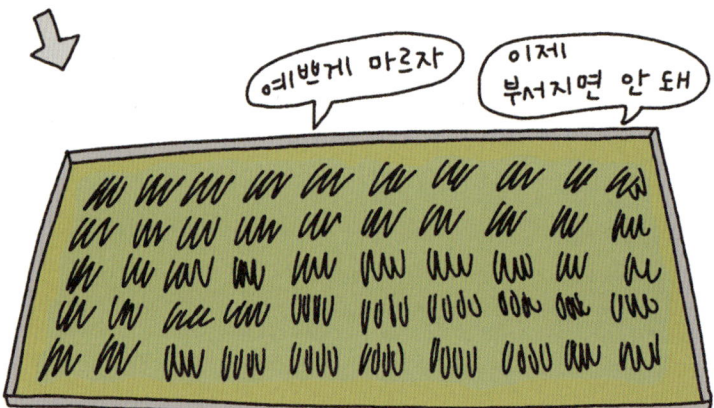

6 공기가 통하지 않도록 잘 마른 찻잎을 포장해서 보관합니다.

호기심 톡톡!

녹차와 홍차는 어떻게 다를까?

녹차와 홍차는 똑같은 차나무 잎으로 만들어요. 하지만 만드는 방법에 따라 빛깔과 향, 맛이 완전히 다른 찻잎이 만들어진답니다.

녹차가 녹색인 이유는 덖는 과정을 거쳤기 때문이에요. 찻잎을 덖지 않고 그대로 말리면 찻잎의 '폴리페놀' 성분이 산화되어 찻잎이 갈색으로 변해요. 이것을 뜨거운 물에 우려내면 갈색의 홍차가 됩니다.

전 세계에서 소비되는 차의 80퍼센트는 홍차예요. 인도나 중국에서 많이 만들어지죠.

커피

커피는 전 세계 사람들이 가장 많이 마시는 음료예요. 언제부터 어떻게 커피를 마시게 되었는지에 대해서는 여러 가지 전설이 있어요. 여기서는 '칼디의 전설'을 소개할게요.

옛날 아프리카 에티오피아 남서부의 고원에 살던 목동 칼디는 염소들이 빨간 열매를 먹으면 흥분하고 밤잠도 자지 않는 걸 알았어요. 그래서 직접 빨간 열매를 먹어 보았답니다. 그러자 놀랍게도 기운이 솟고 기분도 좋아졌어요. 칼디는 이 열매를 사원으로 가져갔어요. 사원의 승려들은 이 열매를 귀한 신의 선물로 여겼어요. 이 열매를 먹으면 기도할 때 졸리지 않고, 일상생활을 할 때도 생기가 돌았거든요. 이 빨간 열매가 바로 커피나무의 열매랍니다.

1 커피나무에서 잘 익은 커피 열매를 따요.

2 열매를 물에 불리고 껍질을 벗겨요. 발로 밟아서 까거나 기계를 이용해요. 껍질을 벗긴 커피 열매의 씨를 '생두'라고 해요.

3 생두를 햇볕에 잘 말려요. 말린 생두는 오랫동안 보관할 수 있어서 세계 여러 나라로 수출돼요.

4 말린 생두를 220~230도에서 볶아요. 이때 커피 특유의 맛과 향을 가진 원두가 만들어져요.

커피 맛을 결정하는 건 바로 나야, 나!

5 원두를 작은 가루가 되도록 갈아요. 곱게 갈수록 맛과 향이 빨리 우러나요.

드립식 / 압축식 / 사이폰 (판 추출식)

6 커피 가루에 물을 부어 커피의 맛과 향을 우려내요. 보통 뜨거운 물로 우려내지만, 찬물로 우려내거나 뜨거운 수증기로 우려내기도 해요.

호기심 톡톡!

아메리카노, 에스프레소, 카페라떼…
커피 이름은 왜 여러 가지일까?

높은 온도에서 짧은 시간 동안 강한 압력으로 진하게 우려낸 커피를 에스프레소라고 해요. 에스프레소에 물이나 생크림, 설탕, 초콜릿, 계피 가루 등을 얼만큼 어떻게 섞느냐에 따라 커피는 아메리카노, 카페라떼, 카페모카, 카푸치노 등 다양한 이름으로 불려요. 만드는 방법과 재료, 모양에 따라 다양한 맛과 모습으로 변신하는 거예요.

커피를 마시면 잠이 안 올까?

커피에는 카페인이 들어 있어요. 카페인은 심장을 빠르게 뛰도록 해서 몸을 흥분 상태로 만들고, 잠 오는 물질이 나오는 걸 막아요. 그래서 커피를 많이 마시면 쉽게 잠들 수 없답니다.

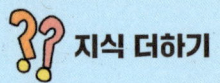 지식 더하기

드라이아이스

드라이아이스는 매우 낮은 온도에서 순간적으로 얼린 고체 이산화탄소예요. 드라이아이스를 실온에 두면 이산화탄소가 고체에서 기체로 변하면서 날아가요. 하지만 이산화탄소는 우리 눈에 보이지 않는답니다.

드라이아이스의 표면 온도는 영하 78.5도로 매우 차갑기 때문에 주변 공기까지 차갑게 만들어요. 어는점이 0도인 공기 속 수분은 드라이아이스를 만나면 순간적으로 아주 작은 얼음 조각으로 변하죠. 드라이아이스 주변의 수많은 얼음 조각들이 우리 눈에는 하얀 연기처럼 보인답니다.

사이다

콜라, 사이다처럼 톡 쏘는 음료를 탄산음료라고 해요. 옛날 사람들은 탄산이 들어 있는 지하수에 꿀이나 레몬을 섞어서 마셨어요. 이것이 탄산음료의 시작이었죠. 오늘날에는 다양한 맛을 가진 탄산음료가 나오고 있어요.

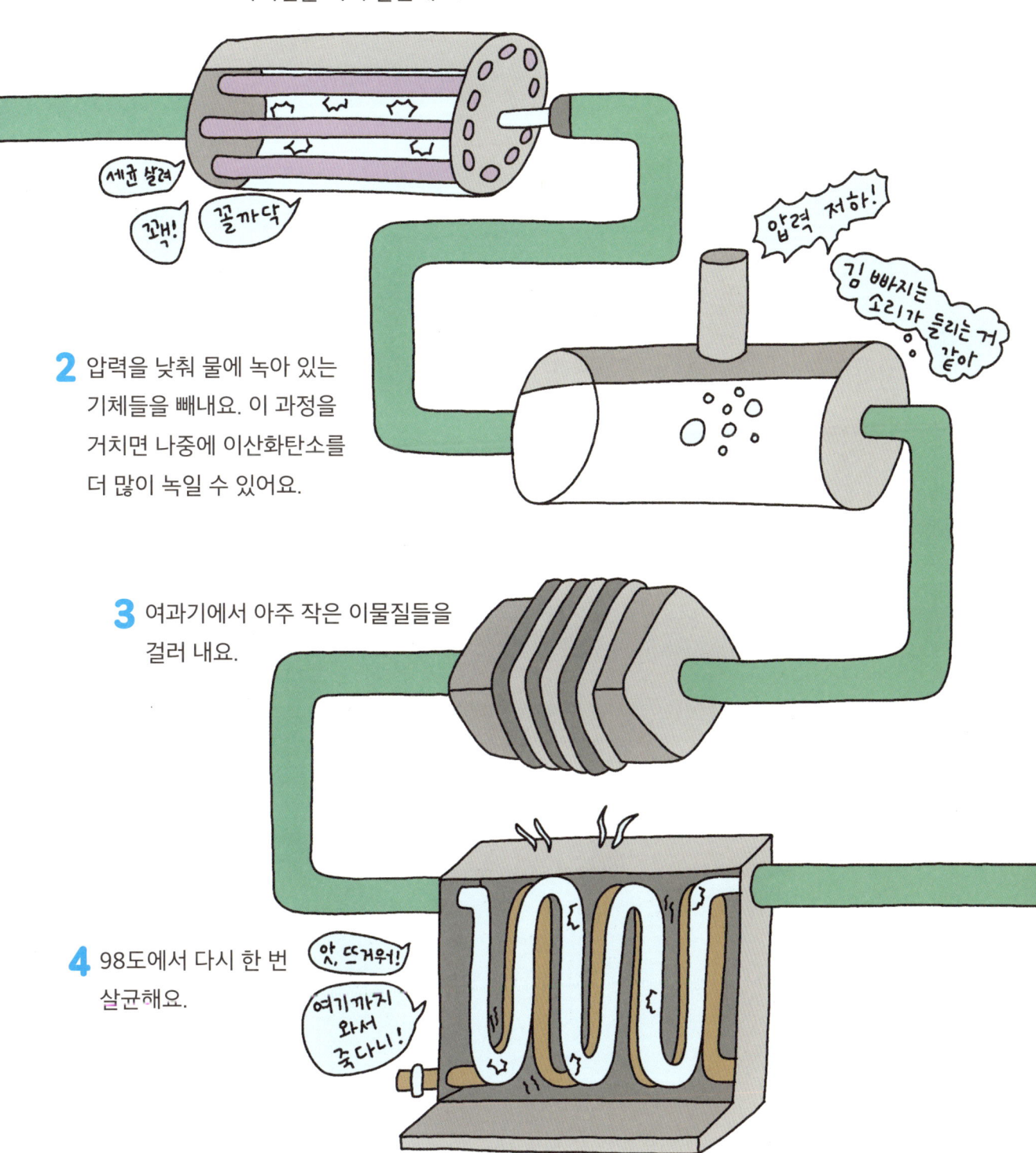

호기심 톡톡!

콜라, 사이다가 몸에 나쁘다고?

콜라, 사이다와 같은 탄산음료에는 설탕이 많이 들어 있어요. 200밀리리터 음료 안에 설탕이 20그램이나 들어 있답니다. 탄산음료는 열량이 높은 식품이에요. 많이 마시면 비만해질 수 있답니다. 뿐만 아니라, 탄산은 치아를 부식시켜요. 콜라에 들어 있는 카페인은 중추신경계를 자극해서 우리 몸에 좋지 않은 영향을 미칠 수 있어요.

코카콜라는 아무나 만들 수 없다고?

코카콜라의 원액을 만드는 방법은 철저한 비밀이랍니다. 설탕, 캐러멜, 인산, 코카 잎, 콜라 열매, 구연산, 레몬, 오렌지, 계피 등 20가지의 재료를 섞어서 만든다고는 알려졌지만, 어떤 재료를 얼마나 섞는지는 1급 비밀이에요. 1886년에 코카콜라가 만들어진 이후 지금까지 130여 년 동안 코카콜라와 똑같은 맛을 내는 데 성공한 사람은 아무도 없답니다.

초콜릿

달콤한 초콜릿은 누구에게나 사랑받는 음식이에요.
처음에 초콜릿은 마시는 음료였어요. 초콜릿을 언제부터 먹기 시작했는지는 정확히 알 수 없어요. 고대 마야족이 카카오 열매의 씨를 갈아서 물에 타 마신 흔적이 그림 문자로 남아 있는 것으로 보아, 더 오래전부터 초콜릿 음료를 먹었을 거라고 짐작할 뿐이죠. 1500년대 중앙아메리카에 살던 아즈텍족은 카카오나무의 씨를 갈아서 물에 녹인 다음 옥수수 가루, 후추 등을 섞어서 뜨겁게 마셨다고 해요.
오늘날 많이 볼 수 있는 딱딱한 초콜릿은 1765년에 미국에서 처음으로 만들어졌어요.

1 초콜릿은 카카오나무의 열매로 만들어요. 카카오 열매 안에는 20~40개의 씨가 끈적이는 열매살에 엉겨 붙어 있어요. 이것을 햇볕에 말려서 씨만 골라내요.

2 카카오 씨앗을 뜨거운 바람이 나오는 둥근 통에 넣고 빙글빙글 돌리면서 구워요. 이 과정에서 겉껍질이 모두 벗겨지고, 카카오 씨앗 안의 성분들이 변해서 초콜릿 맛을 냅니다.

3 바람으로 겉껍질을 날려 보내요.

호기심 톡톡!

밸런타인데이는 언제부터 시작되었을까?

밸런타인데이의 시작은 로마 시대로 거슬러 올라가요. 로마 황제 클라우디우스 2세는 멀리 전쟁을 나가는 병사들의 결혼을 금지했어요. 사기가 떨어진다는 이유에서였죠. 사랑에 빠진 남녀가 안타까웠던 발렌티누스 신부는 황제 몰래 남녀를 결혼시켰다가 270년 2월 14일에 사형을 당했어요. 밸런타인데이는 안타깝게 처형된 발렌티누스 신부를 기억하는 날이랍니다. 예전에는 밸런타인데이에 부모와 자녀들이 사랑과 감사의 마음을 담아 카드를 주고받았대요.

왜 초콜릿은 살살 녹을까?

초콜릿을 입안에 넣으면 부드럽게 녹아내리죠? 이것은 초콜릿에 들어 있는 지방 때문이랍니다. 우리가 지방이라고 부르는 영양소에는 두 가지가 있어요. 하나는 돼지비계처럼 녹는점이 높은 포화지방, 다른 하나는 식용유처럼 녹는점이 낮은 불포화지방이에요.

초콜릿은 포화지방과 불포화지방을 적당히 섞어서 사람 체온과 비슷한 35도에서 잘 녹도록 만들었어요.

아이스크림

아이스크림은 우유에 당과 여러 가지 과즙을 섞은 다음 얼려서 만들어요. 그냥 얼리는 게 아니에요. 부드러운 아이스크림의 비밀은 바로 공기에 있거든요. 아이스크림을 얼릴 때 재료들을 섞어서 잘 저어 주면, 작은 얼음 조각들 사이사이로 공기가 들어가서 함께 언답니다. 우리가 먹는 아이스크림의 절반은 바로 공기예요.

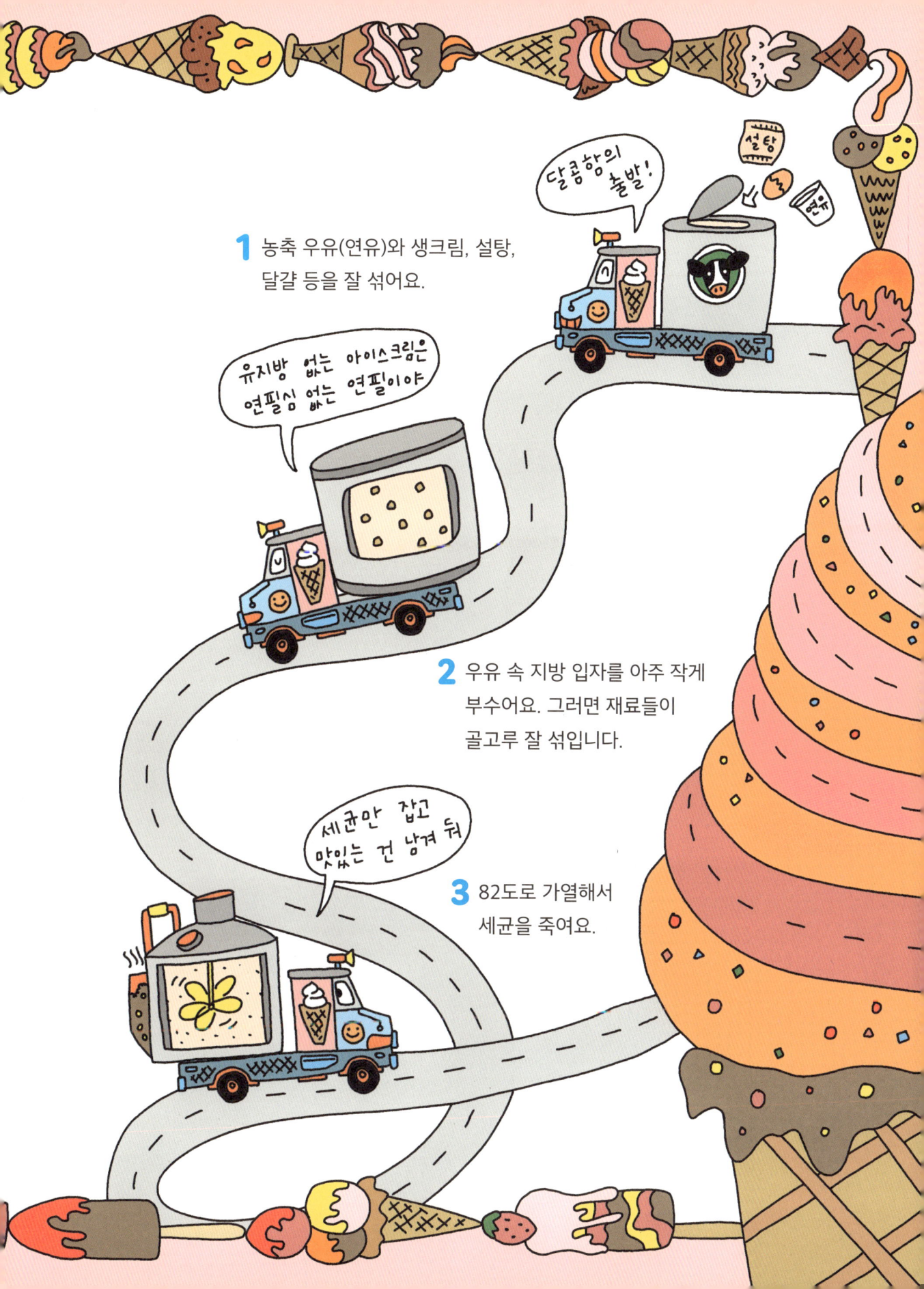

아이스크림, 아이스밀크, 셔벗, 다양한 이름의 비밀

빙과류 코너에는 여러 종류의 제품이 있어요. 부드럽고 우유 맛이 많이 나는 제품도 있고, 사각사각 얼음이 씹히는 제품도 있죠. 그런데 모두가 아이스크림은 아니랍니다! 아이스크림이 되려면 유지방이 6퍼센트 넘게 들어 있어야 해요. 유지방이 2~6퍼센트 사이면 아이스밀크, 유지방이 2퍼센트가 안 되면 '셔벗'이라고 해요. 흔히 샤베트로 알고 있는데, 바른 표현은 셔벗이랍니다.

매울 때는 아이스크림을 먹자!

매운 음식을 먹고 입안이 얼얼할 때 가장 좋은 방법은 아이스크림을 먹는 거예요. 우리가 매운맛을 느끼는 건 '캡사이신' 때문인데, 캡사이신은 기름에 잘 녹는답니다. 차가운 아이스크림을 먹으면 잠깐 동안 혀의 감각이 둔해져요. 그래서 매운맛을 잘 느낄 수 없죠. 그동안 아이스크림 안의 유지방은 캡사이신을 녹여서 없애요. 그래서 아이스크림을 먹으면 매운 느낌이 금방 사라진답니다. 차가운 우유를 입안에 머금고 있는 것도 좋은 방법이에요.

엿

엿은 우리나라 전통음식 중 하나예요. 다양한 과자가 없던 옛날, 엿은 어린이들에게 가장 사랑받는 먹거리였어요. 철컹철컹 커다란 가위로 사람들을 불러 모으는 엿장수는 돈 대신 헌 고무신이나 구멍 난 냄비, 쇳조각 등을 받고 엿을 내주곤 했어요.

엿기름 만들기

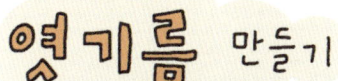

1 보리나 밀을 물에 3일 정도 담가 놓아요.

2 싹이 나오면 건져서 소쿠리에 넣고 젖은 광목 천으로 덮은 다음, 매일 한두 번씩 물을 뿌려 줍니다.

3 5일 정도 지나면 말려서 빻아요. 이렇게 만들어진 것이 바로 엿기름이에요.

엿 만들기

1 찹쌀이나 멥쌀로 밥을 지어요.

2 물에 불린 엿기름을 밥과 섞어 줍니다. 그런 다음 따뜻한 곳에 놓아두어요.

3 면 보자기에 밥과 엿기름을 붓고 꼭 짜서 맑은 물만 남겨요.

4 끓이면서 졸여요.

5 충분히 졸인 다음 식혀요.

6 엿이 물렁할 때 길게 늘였다가 반으로 접어서 다시 늘이는 과정을 반복해요. 늘이고 접을 때마다 안으로 공기가 들어가서 엿이 점점 흰색으로 변해요.

7 엿이 딱딱하게 굳으면 적당한 크기로 잘라요.

엿에는 왜 엿기름이 필요할까?

밥을 입안에 넣고 오랫동안 씹으면 단맛이 느껴지죠? 입안에서 분비되는 효소가 밥에 들어 있는 녹말을 포도당으로 분해하기 때문이에요. 싹이 튼 보리나 밀을 말려 빻은 엿기름에는 녹말을 분해시켜 만든 여러 가지 효소가 들어 있어요. 엿기름 물을 밥에 넣으면 밥의 녹말이 당으로 변해서 단맛이 난답니다. 이것을 졸여서 엿을 만들어요.

엿기름에도 기름이 들어 있을까?

엿기름은 '엿'과 '기름'이 합쳐진 말이에요. 보리나 밀이 싹이 트도록 기른 다음 말린다고 하여 '기름'이라는 말이 붙은 것이죠. 엿기름은 콩기름, 참기름과는 전혀 다른 음식 재료예요.

식혜·수정과

식혜와 수정과는 겨울철에 만들어 먹는 우리나라 전통 음료예요. 식혜의 단맛은 밥 안의 녹말이 엿기름을 만나 분해되면서 만들어진답니다. 밥알이 삭아서 동동 떠오르면 밥알을 따로 건져 놓고 차갑게 식힌 다음, 밥알을 몇 개 띄워 마시죠. 감주는 식혜와 비슷하지만 조금 달라요. 밥알이 다 삭아서 노르스름하고 끈끈해지며 단맛이 날 때 끓여서 단맛을 더 진하게 만들죠. 식혜와 달리 밥알이 모두 가라앉아 있답니다.

수정과는 정월 설 무렵에 식혜와 함께 만들어 먹던 전통 음료예요. 계피가 들어가서 매콤한 맛이 나요. 수정과는 소화를 도울 뿐만 아니라 항암 효과도 있답니다.

식혜 만들기

식혜를 만들어 볼까!

1 밥물을 약간 적게 넣어서 된밥을 만들어요.

2 준비한 엿기름을 미지근한 물에 30분 정도 담가 두었다가 건더기는 건져서 버리고, 맑은 물만 밥에 부어요.

보온 밥통이 있으니까 참 편하다

3 뚜껑을 덮고 따뜻한 아랫목에 놓아둡니다. 보온밥통에 넣어 두기도 해요.

4 밥알이 충분히 삭아서 동동 뜨면 밥알은 건져 놓고, 물만 따로 끓입니다. 입맛에 따라 설탕을 넣어 단맛을 더하기도 해요.

내가 더 달콤하게 해 줄까?

완성!

5 냉장고에 넣어 차게 식힌 다음, 밥알을 띄워 먹습니다.

수정과 만들기

1 수정과의 주된 재료는 생강과 계피예요. 생강과 계피를 깨끗이 씻은 다음, 생강은 잘게 썰어요.

2 생강과 계피를 넣고 물이 갈색이 될 때까지 끓여 줍니다. 단맛을 내고 싶다면 황설탕을 넣어 줍니다.

3 냉장고에 보관해 두었다가 곶감이나 잣을 띄워 먹습니다. 곶감과 잣을 넣으면 보기에 좋을 뿐 아니라, 맛도 좋아져요.

호기심 톡톡!

식혜와 식해

우리는 '식혜'와 '식해'를 혼동하여 사용하곤 합니다. 하지만 둘은 전혀 달라요. 식혜는 밥과 엿기름을 넣어 만든 음료이고, 식해는 생선을 토막 내어 소금과 흰밥, 고춧가루 등을 넣고 버무려 삭힌 음식이에요. 가자미를 이용하여 만든 것을 가자미식해, 명태로 만든 것을 명태식해라고 하지요.

쌀의 놀라운 변신

쌀에 많이 들어 있는 녹말이 아밀라아제를 만나서 분해되면 단맛이 나는 포도당으로 변해요. 이것을 이용한 음식이 식혜와 엿이지요. 포도당이 유산균 등을 만나 발효되면 알코올이 함유된 막걸리가 되고, 막걸리의 알코올 성분이 초산균 등을 만나 한 번 더 발효되면 신맛이 나는 식초가 돼요. 쌀이 식혜, 엿, 막걸리, 식초로 변신하다니, 음식에 숨은 과학이란 정말 신기하지요?

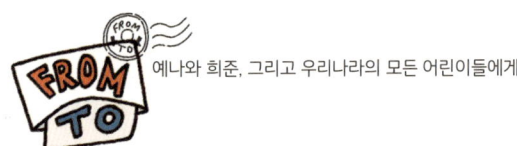
예나와 희준, 그리고 우리나라의 모든 어린이들에게

From To 세상 모든 물건에 숨은 과학 2
부엌에 맛있는 세균이 있어요

ⓒ 이대형, 강혜숙

글쓴이 | 이대형 그린이 | 강혜숙
펴낸이 | 곽미순 편집 | 윤소라 디자인 | 김민서

펴낸곳 | 한울림어린이 기획 | 이미혜 편집 | 윤도경 윤소라 이은파 박미화 디자인 | 김민서 이순영 마케팅 | 공태훈 옥정연 제작·관리 | 김영석
등록 | 2004년 4월 12일(제318-2004-000032호) 주소 | 서울시 영등포구 당산로54길 11 래미안당산1차 A 상가
대표전화 02-2635-1400 팩스 | 02-2635-1415 홈페이지 | www.inbumo.com 블로그 | blog.naver.com/hanulimkids
페이스북 | www.facebook.com/hanulim 인스타그램 | www.instagram.com/hanulimkids

첫판 1쇄 펴낸날 | 2018년 4월 27일 2쇄 펴낸날 | 2019년 6월 17일
ISBN 979-11-87517-40-5 74400
      979-11-87517-38-2 (세트)

이 도서의 국립중앙도서관 출판예정도서목록(CIP)은 서지정보유통지원시스템 홈페이지(http://seoji.nl.go.kr)와
국가자료공동목록시스템(http://www.nl.go.kr/kolisnet)에서 이용하실 수 있습니다.(CIP제어번호: CIP2018006360)
*잘못된 책은 바꾸어 드립니다.

어린이제품안전특별법에 의한 제품 표시   제조국 대한민국   사용연령 8세 이상